JENNY E IL FIASCO DEI MOSCERINI DELLA FRUTTA

Risoluzione dei problemi

Marcy Schaaf

Italiano

JENNY AND THE FRUIT FLY FIASCO

Problem Solving
Marcy Schaaf

Italian

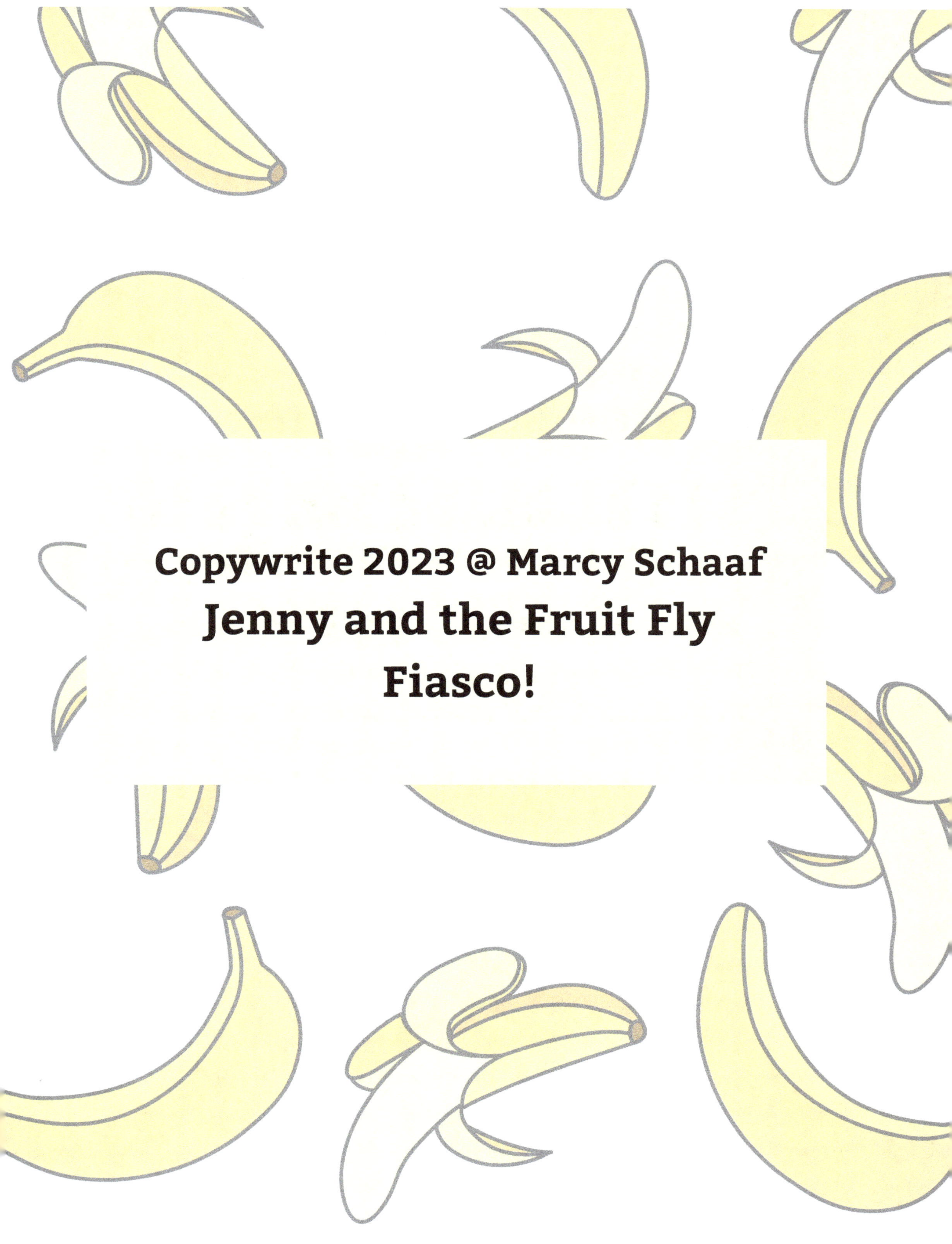

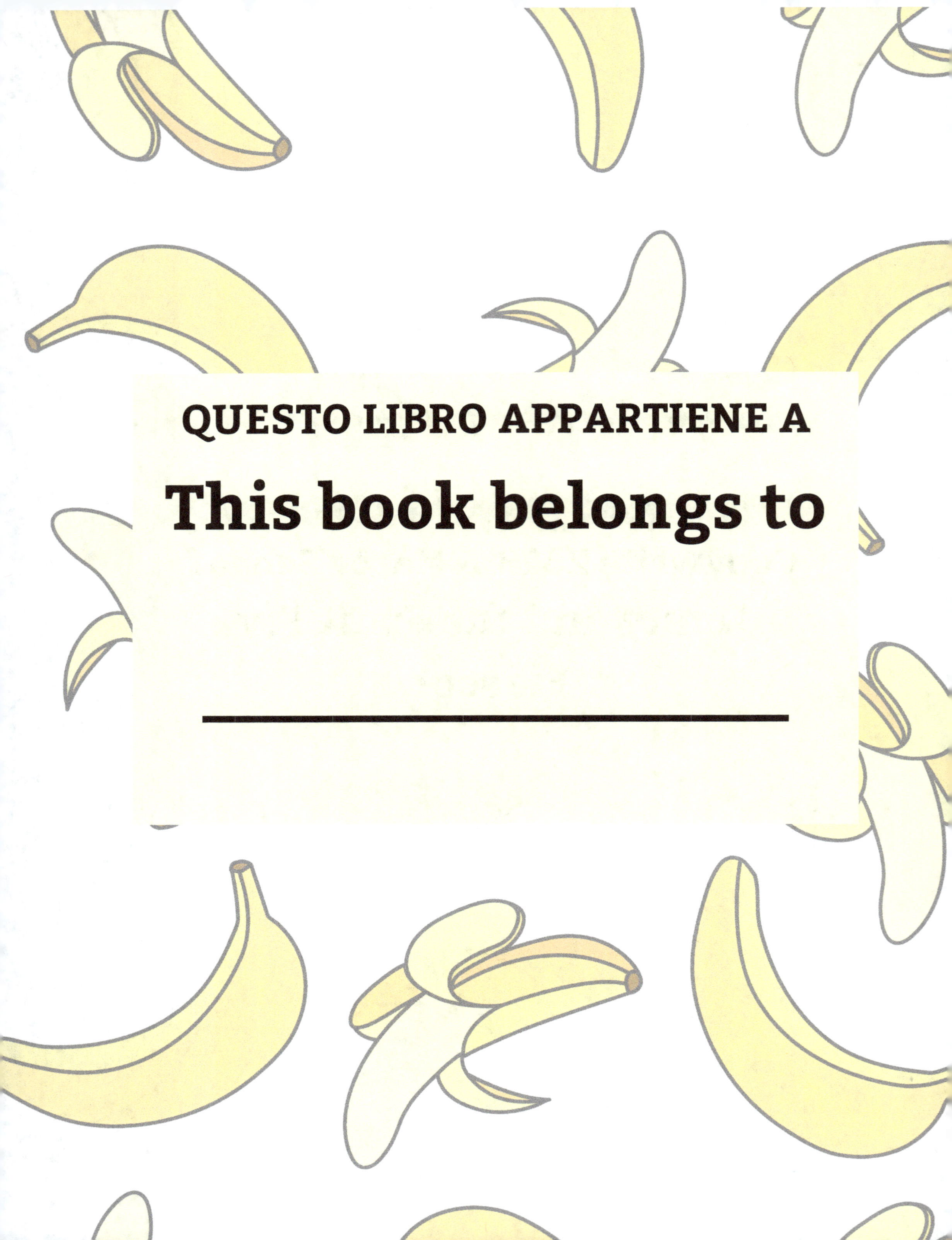
QUESTO LIBRO APPARTIENE A
This book belongs to

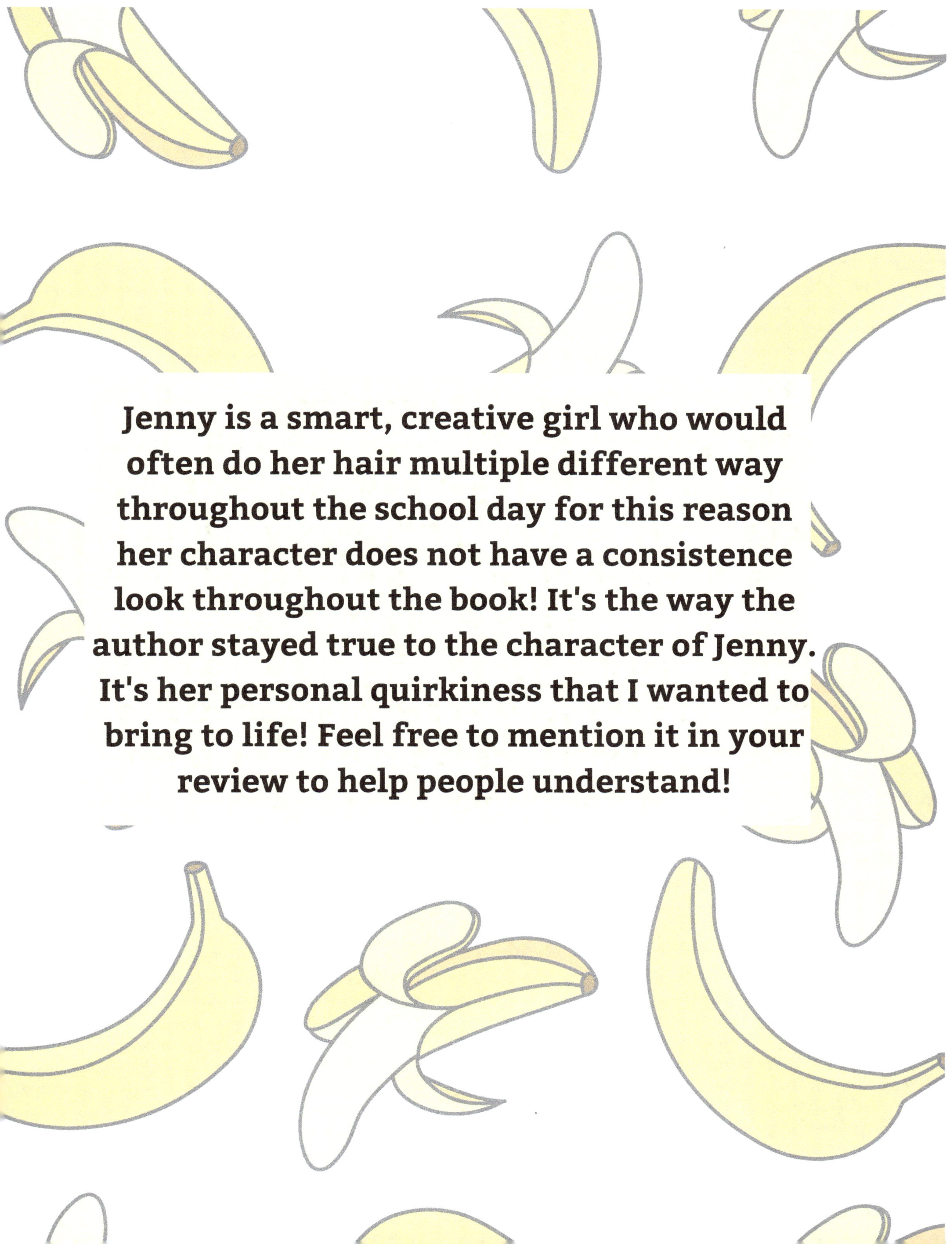

Jenny is a smart, creative girl who would often do her hair multiple different way throughout the school day for this reason her character does not have a consistence look throughout the book! It's the way the author stayed true to the character of Jenny. It's her personal quirkiness that I wanted to bring to life! Feel free to mention it in your review to help people understand!

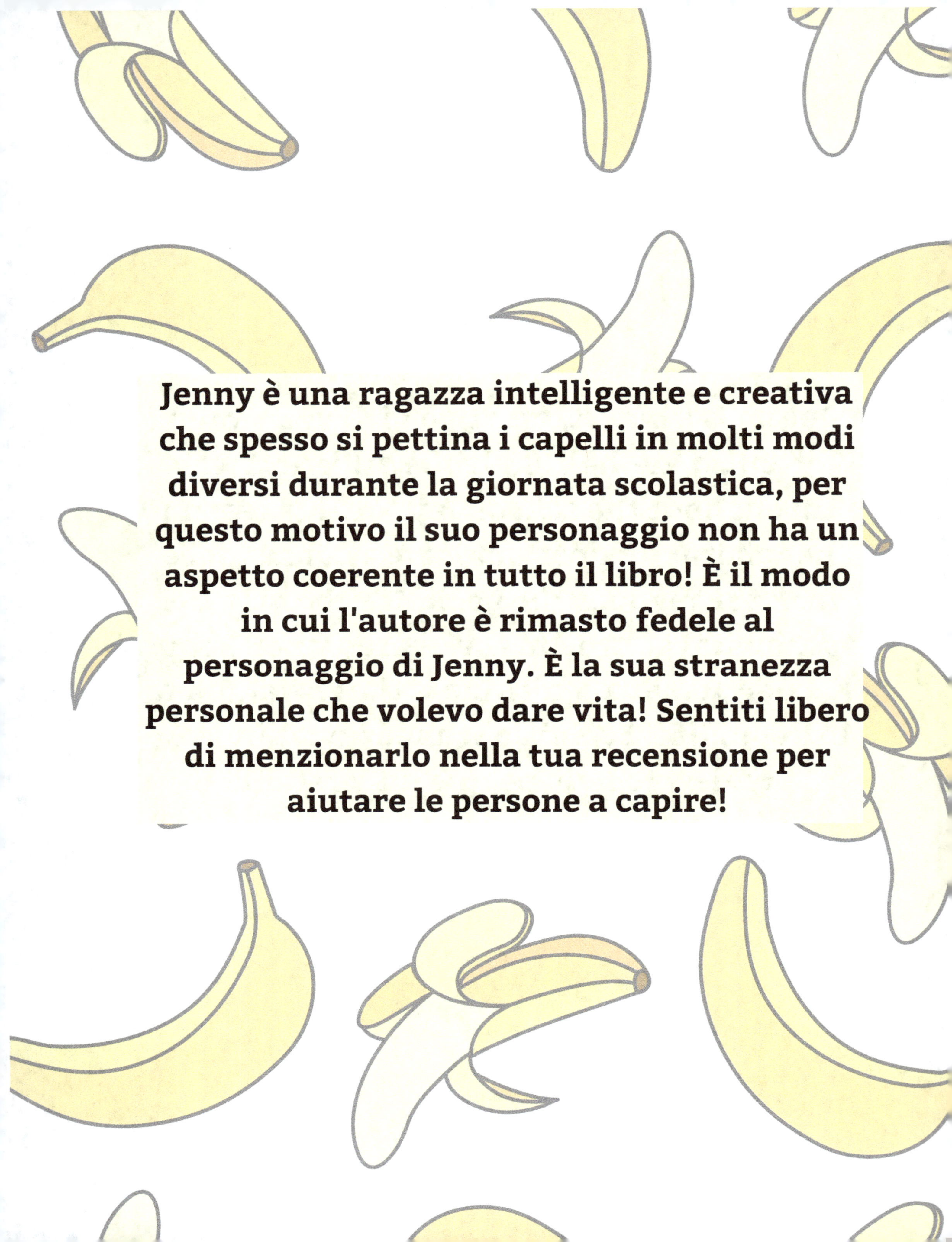

Jenny è una ragazza intelligente e creativa che spesso si pettina i capelli in molti modi diversi durante la giornata scolastica, per questo motivo il suo personaggio non ha un aspetto coerente in tutto il libro! È il modo in cui l'autore è rimasto fedele al personaggio di Jenny. È la sua stranezza personale che volevo dare vita! Sentiti libero di menzionarlo nella tua recensione per aiutare le persone a capire!

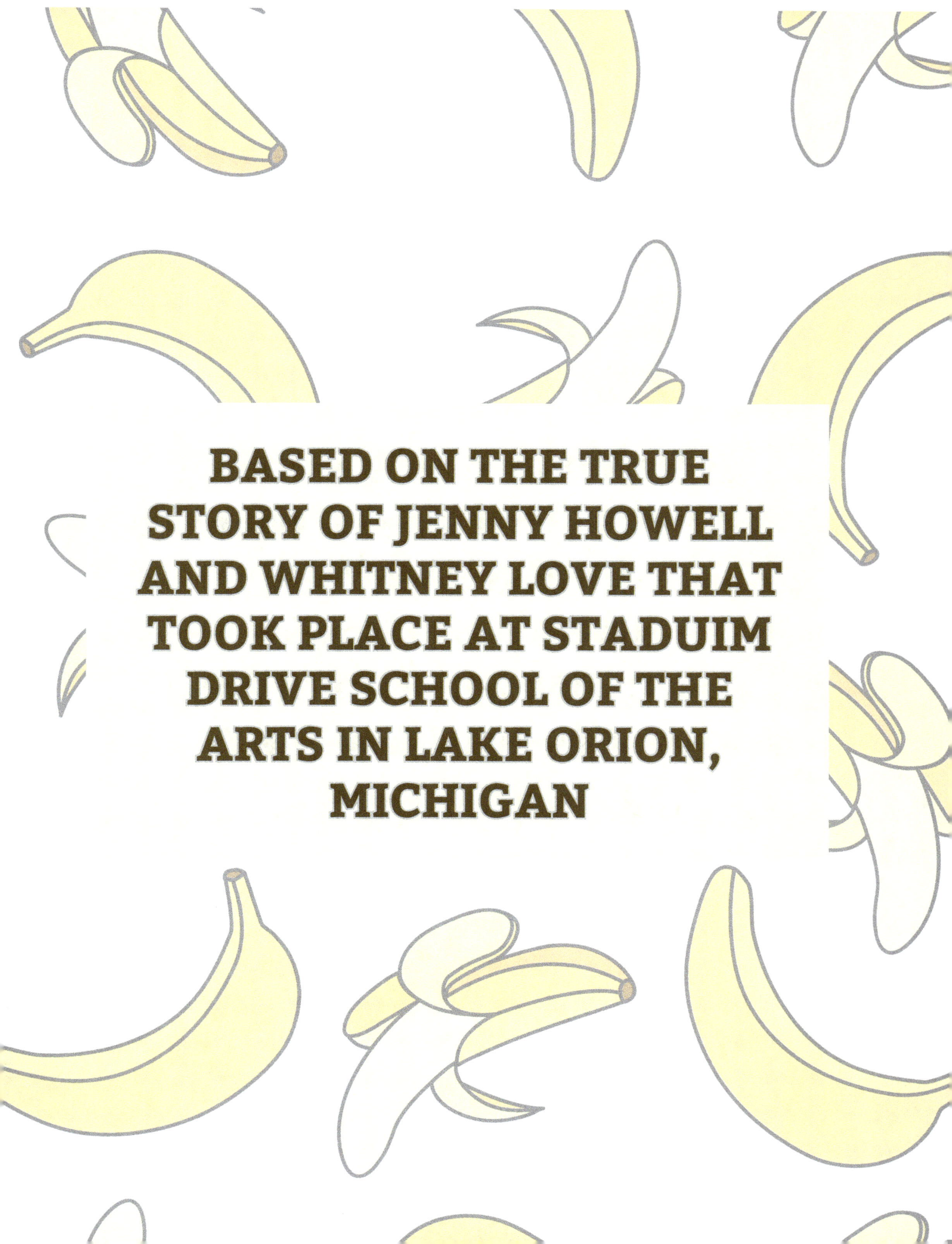
BASED ON THE TRUE STORY OF JENNY HOWELL AND WHITNEY LOVE THAT TOOK PLACE AT STADUIM DRIVE SCHOOL OF THE ARTS IN LAKE ORION, MICHIGAN

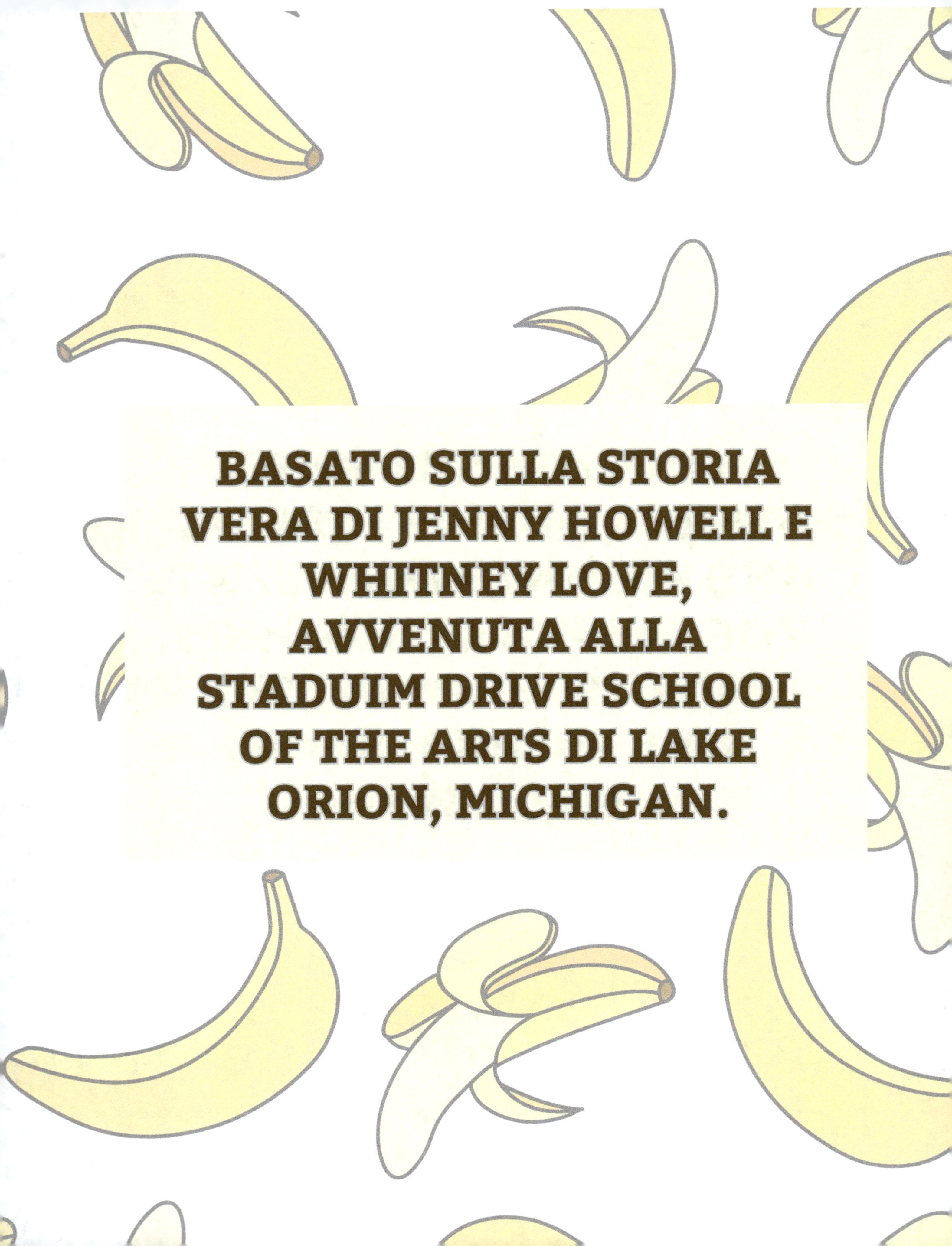

BASATO SULLA STORIA VERA DI JENNY HOWELL E WHITNEY LOVE, AVVENUTA ALLA STADUIM DRIVE SCHOOL OF THE ARTS DI LAKE ORION, MICHIGAN.

DEDICATED TO JENNY HOWELL AND WHITNEY LOVE WHO ARE STILL BEST FRIENDS TODAY.

DEDICATO A JENNY HOWELL E WHITNEY LOVE CHE SONO ANCORA MIGLIORI AMICHE OGGI.

ONCE UPON A TIME IN A SCHOOL NAMED STADIUM,
WAS A GIRL NAMED JENNY,
HER DAY WAS RANDOM.

C'ERA UNA VOLTA IN UNA SCUOLA CHIAMATA STADIUM, UNA RAGAZZA DI NOME JENNY, LA SUA GIORNATA ERA CASUALE.

JENNY WAS BUSY,
SHE HAD SO MUCH TO DO,
BUT A BANANA SHE FORGOT IN HER
LOCKER, OOPS, THAT'S TRUE!

JENNY ERA IMPEGNATA, AVEVA COSÌ TANTO DA FARE, MA HA DIMENTICATO UNA BANANA NELL'ARMADIETTO, OOPS, È VERO!

THE WEEKEND WENT BY,
DAYS TURNED INTO NIGHT,
AND A FRUITY SURPRISE WAITED,
OUT OF SIGHT.

IL FINE SETTIMANA PASSÒ, I GIORNI SI TRASFORMARONO IN NOTTE, E UNA FRUTTATA SORPRESA ATTENDEVA, LONTANO DALLA VISTA.

MONDAY MORNING CAME,
JENNY OPENED HER DOOR,
FRUIT FLIES SWARMED OUT;
SHE COULDN'T TAKE IT ANYMORE!

ARRIVÒ LUNEDÌ MATTINA, JENNY APRÌ LA PORTA, I MOSCERINI DELLA FRUTTA SCIAMARONO FUORI; NON NE POTEVA PIÙ!

BUZZING AROUND HER BOOKS,
BUZZING IN THE AIR,
JENNY WAS EMBARRASSED,
IT JUST WASN'T FAIR.

RONZANDO ATTORNO AI SUOI LIBRI, RONZANDO NELL'ARIA, JENNY ERA IMBARAZZATA, SEMPLICEMENTE NON ERA GIUSTO.

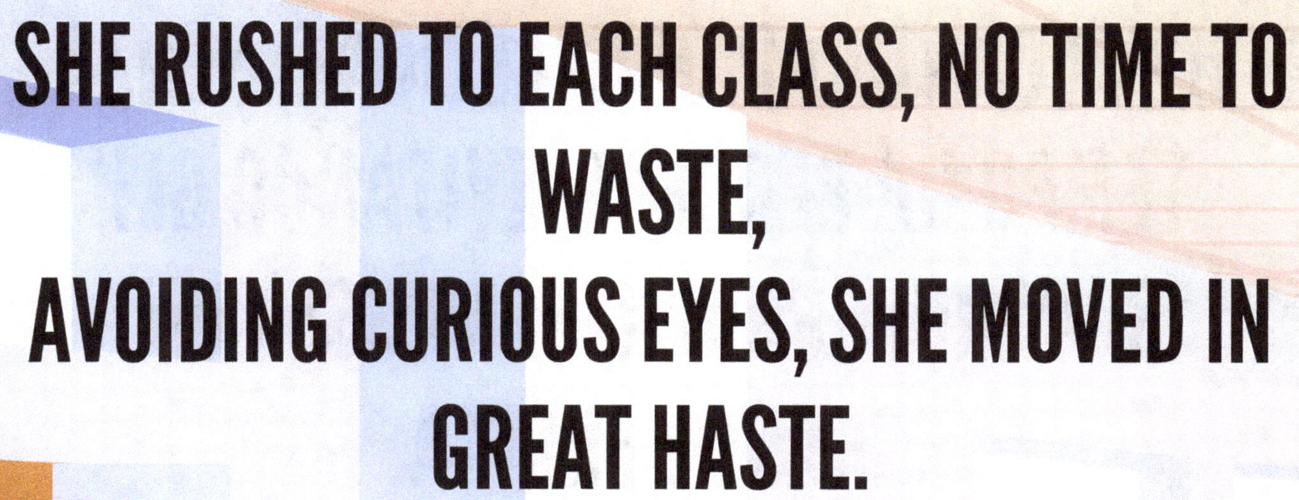

SHE RUSHED TO EACH CLASS, NO TIME TO WASTE,
AVOIDING CURIOUS EYES, SHE MOVED IN GREAT HASTE.

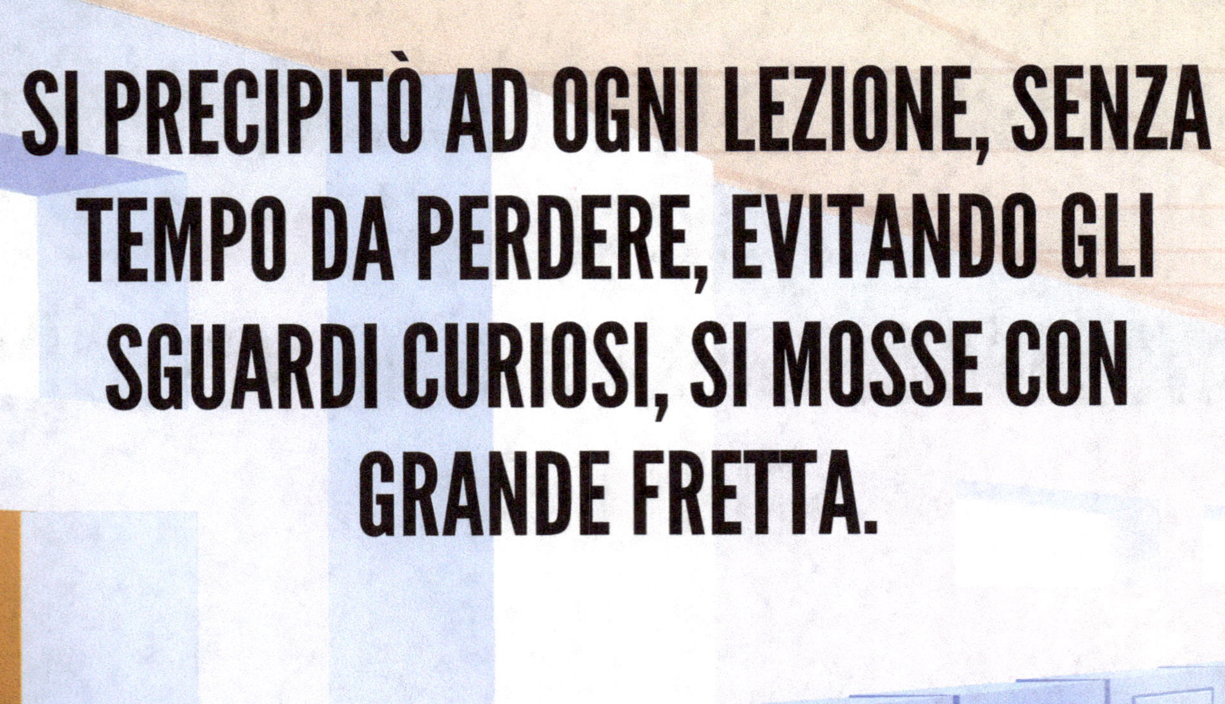

SI PRECIPITÒ AD OGNI LEZIONE, SENZA TEMPO DA PERDERE, EVITANDO GLI SGUARDI CURIOSI, SI MOSSE CON GRANDE FRETTA.

"MAY I HAVE A HALL PASS?"
JENNY ASKED WITH A GRIN,
SHE NEEDED TO GET HER BOOKS
WITHOUT CHAOS WITHIN.

"POSSO AVERE UN PASS PER L'INGRESSO?" JENNY CHIESE CON UN SORRISO, AVEVA BISOGNO DI PRENDERE I SUOI LIBRI SENZA CAOS DENTRO.

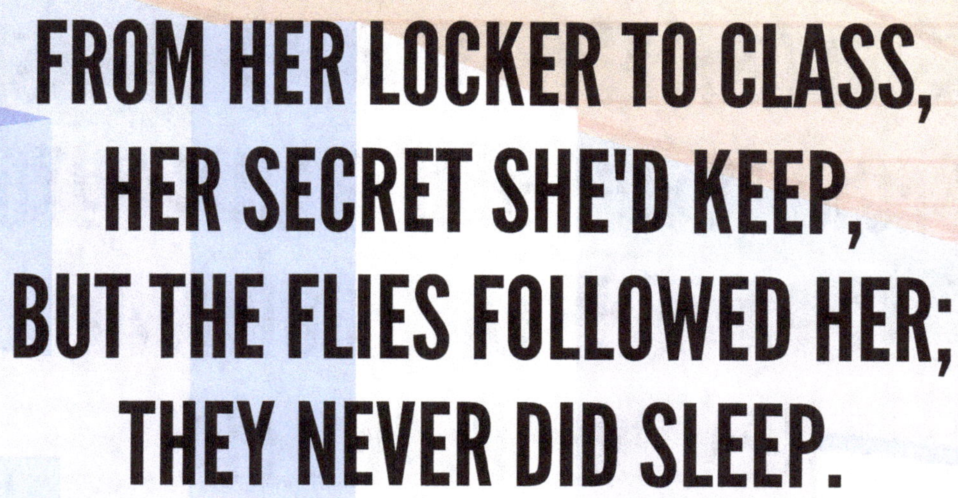

FROM HER LOCKER TO CLASS,
HER SECRET SHE'D KEEP,
BUT THE FLIES FOLLOWED HER;
THEY NEVER DID SLEEP.

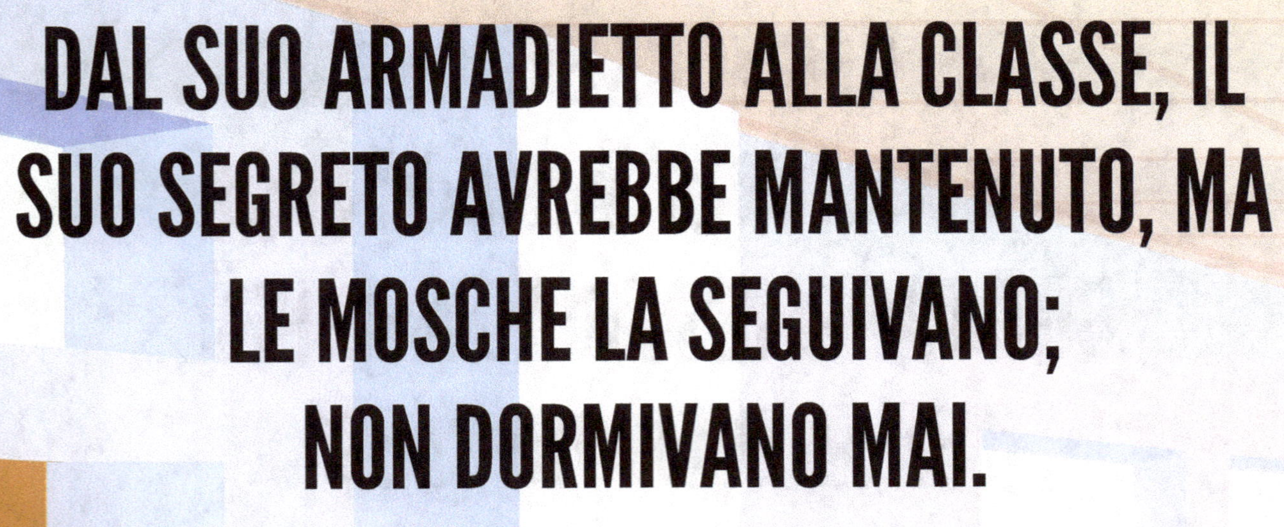

DAL SUO ARMADIETTO ALLA CLASSE, IL
SUO SEGRETO AVREBBE MANTENUTO, MA
LE MOSCHE LA SEGUIVANO;
NON DORMIVANO MAI.

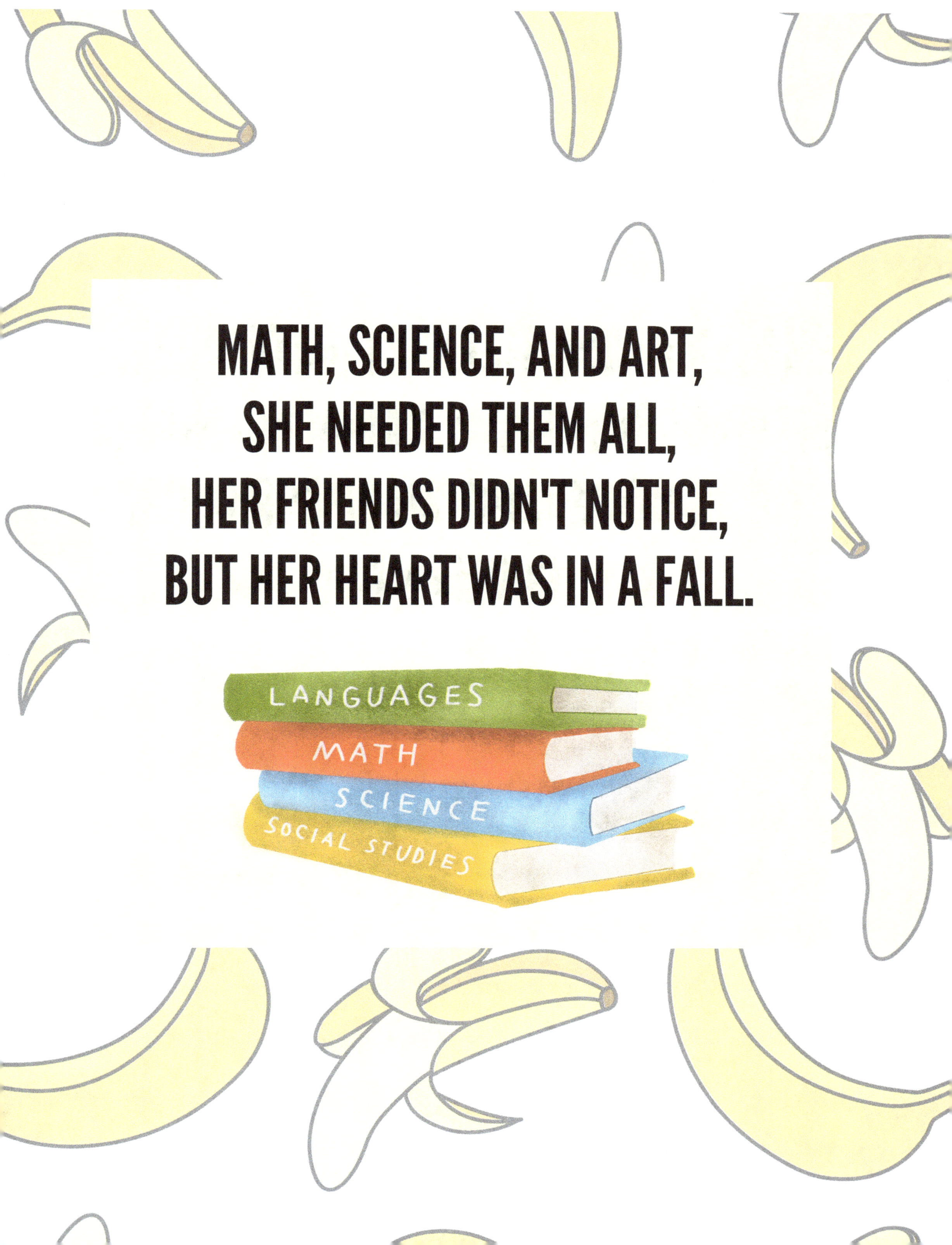

MATH, SCIENCE, AND ART,
SHE NEEDED THEM ALL,
HER FRIENDS DIDN'T NOTICE,
BUT HER HEART WAS IN A FALL.
LANGUAGES
MATH
SCIENCE
SOCIAL STUDIES

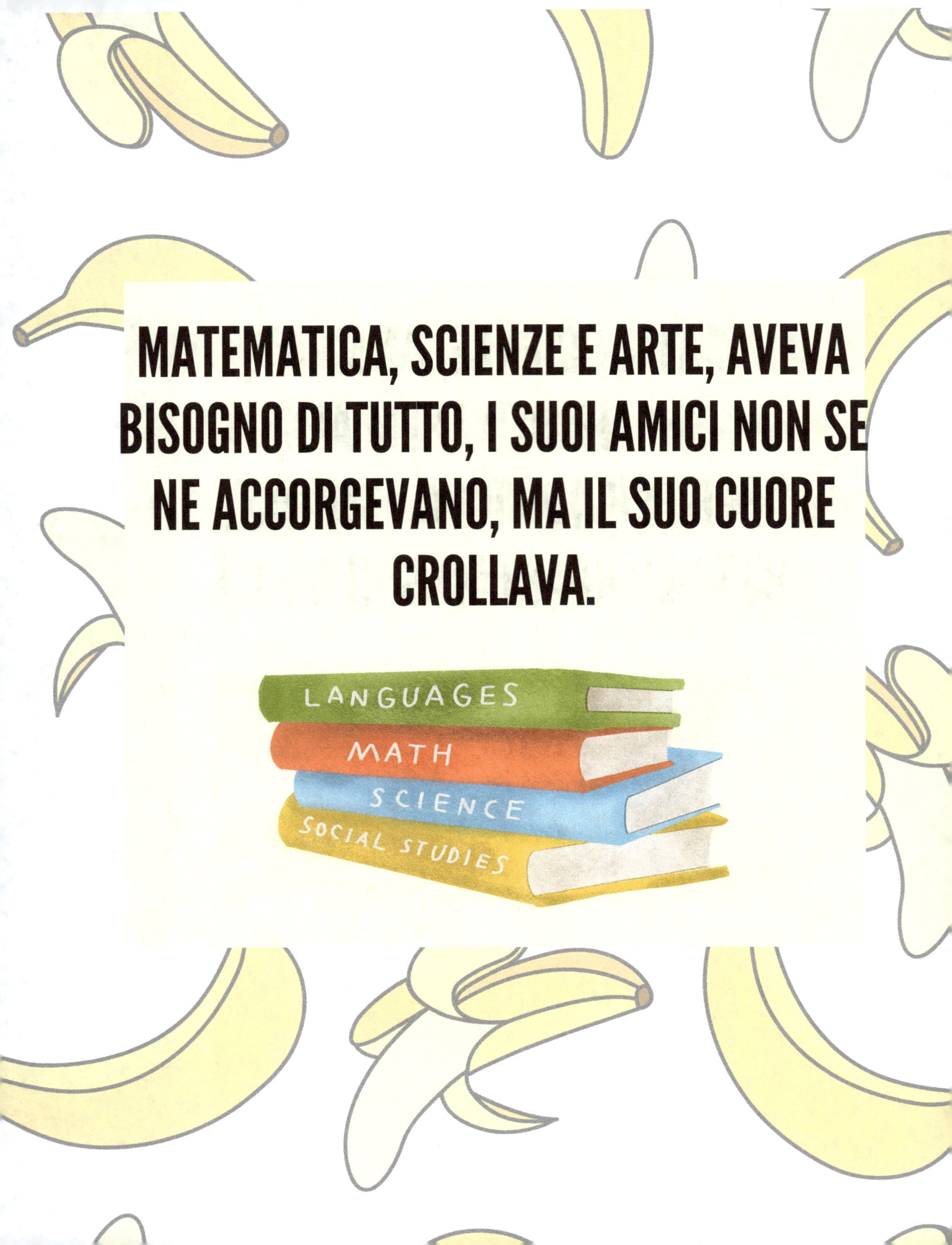
MATEMATICA, SCIENZE E ARTE, AVEVA BISOGNO DI TUTTO, I SUOI AMICI NON SE NE ACCORGEVANO, MA IL SUO CUORE CROLLAVA.
LANGUAGES
MATH
SCIENCE
SOCIAL STUDIES

JENNY'S BEST FRIEND WHITNEY,
SO SMART AND SO KIND,
SENSED SOMETHING WAS WRONG,
SHE HAD A GREAT MIND.

LA MIGLIORE AMICA DI JENNY, WHITNEY,
COSÌ INTELLIGENTE E GENTILE, SENTIVA
CHE QUALCOSA NON ANDAVA, AVEVA
UNA GRANDE MENTE.

AT LUNCHTIME, JENNY WHISPERED HER WOE TO HER FRIEND,
WHITNEY SAID, "WE CAN FIX THIS, THERE'S NO NEED TO PRETEND!"

ALL'ORA DI PRANZO, JENNY SUSSURRÒ IL SUO DOLORE ALLA SUA AMICA, WHITNEY DISSE: "POSSIAMO SISTEMARE QUESTA COSA, NON C'È BISOGNO DI FINGERE!"

THEY GOT A BIG JAR AND
A NET OH SO THIN,
WHITNEY SWIPED THOSE FRUIT FLIES
WITH A DETERMINED GRIN.

HANNO PRESO UN BARATTOLO GRANDE E UNA RETE COSÌ SOTTILE CHE WHITNEY HA SPAZZATO VIA QUEI MOSCERINI DELLA FRUTTA CON UN SORRISO DETERMINATO.

JENNY AND WHITNEY,
A TRUE TEAM INDEED,
CAUGHT ALL THE FRUIT FLIES;
THEY DIDN'T LET THEM PROCEED.

JENNY E WHITNEY, DAVVERO UNA VERA SQUADRA, HANNO CATTURATO TUTTI I MOSCERINI DELLA FRUTTA;
NON LI HANNO LASCIATI PROCEDERE.

THE LOCKER WAS EMPTY,
THE FLIES WERE NO MORE,
JENNY COULD ACCESS HER BOOKS
LIKE NEVER BEFORE.

L'ARMADIETTO ERA VUOTO, LE MOSCHE NON C'ERANO PIÙ, JENNY POTEVA ACCEDERE AI SUOI LIBRI COME MAI PRIMA.

JENNY WAS GRATEFUL,
WITH A SMILE ON HER FACE,
FOR HER WONDERFUL FRIEND,
IN ANY TIME OR PLACE.

JENNY ERA GRATA, CON UN SORRISO SUL VISO, PER LA SUA MERAVIGLIOSA AMICA, IN QUALSIASI MOMENTO E LUOGO.

WITH THE SECRET OUT AND
THE LOCKER ALL CLEAR,
JENNY AND WHITNEY'S FRIENDSHIP
GREW STRONG, NO FEAR.

CON IL SEGRETO SVELATO E L'ARMADIETTO LIBERO, L'AMICIZIA TRA JENNY E WHITNEY È DIVENTATA FORTE, SENZA PAURA.

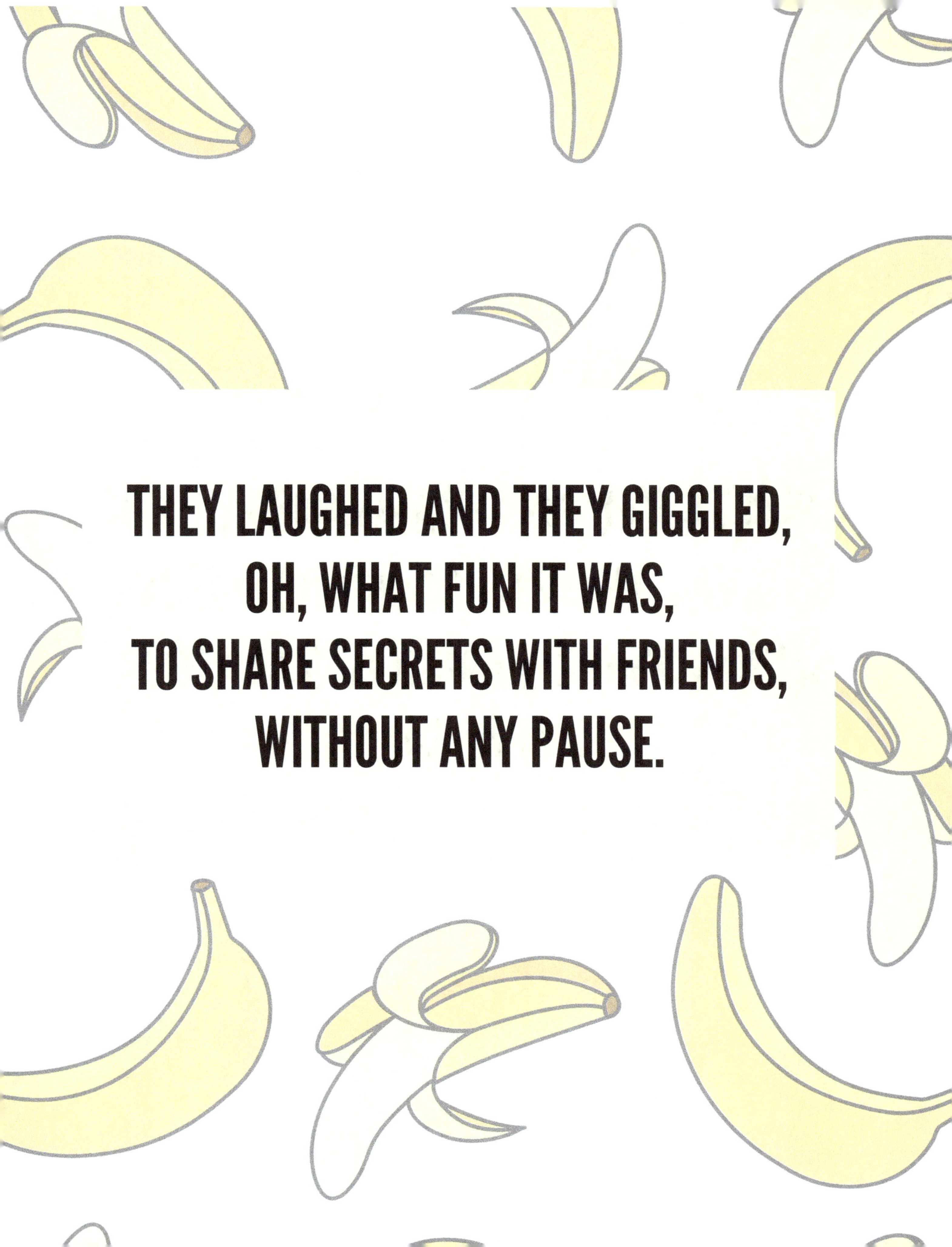

THEY LAUGHED AND THEY GIGGLED,
OH, WHAT FUN IT WAS,
TO SHARE SECRETS WITH FRIENDS,
WITHOUT ANY PAUSE.

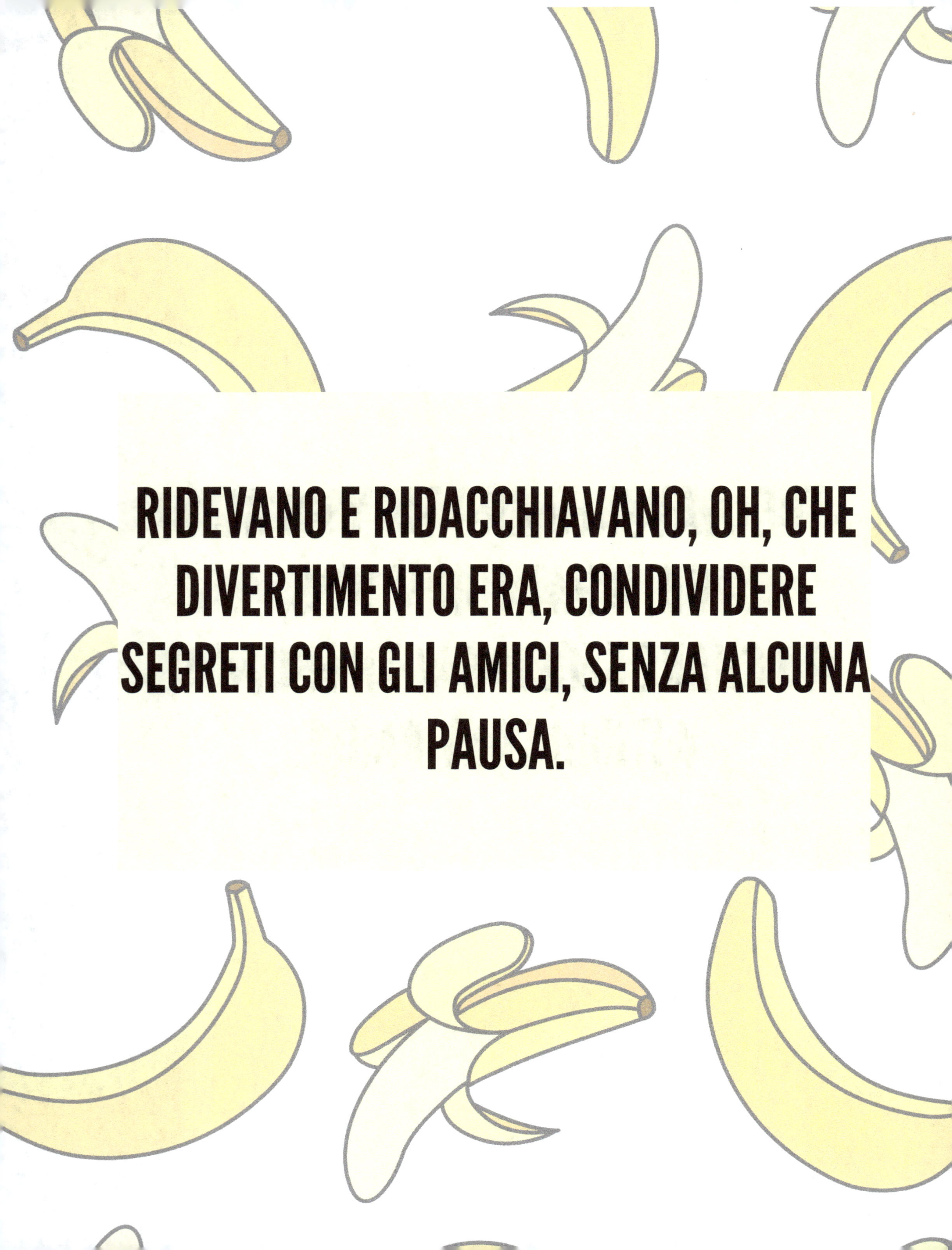
RIDEVANO E RIDACCHIAVANO, OH, CHE DIVERTIMENTO ERA, CONDIVIDERE SEGRETI CON GLI AMICI, SENZA ALCUNA PAUSA.

JENNY LEARNED A LESSON,
IT'S ESSENTIAL TO SEE,
TRUE FRIENDS HELP YOU OUT,
AND THEY'LL DO IT WITH GLEE.

JENNY HA IMPARATO UNA LEZIONE, È ESSENZIALE VEDERE, I VERI AMICI TI AIUTANO E LO FARANNO CON GIOIA.

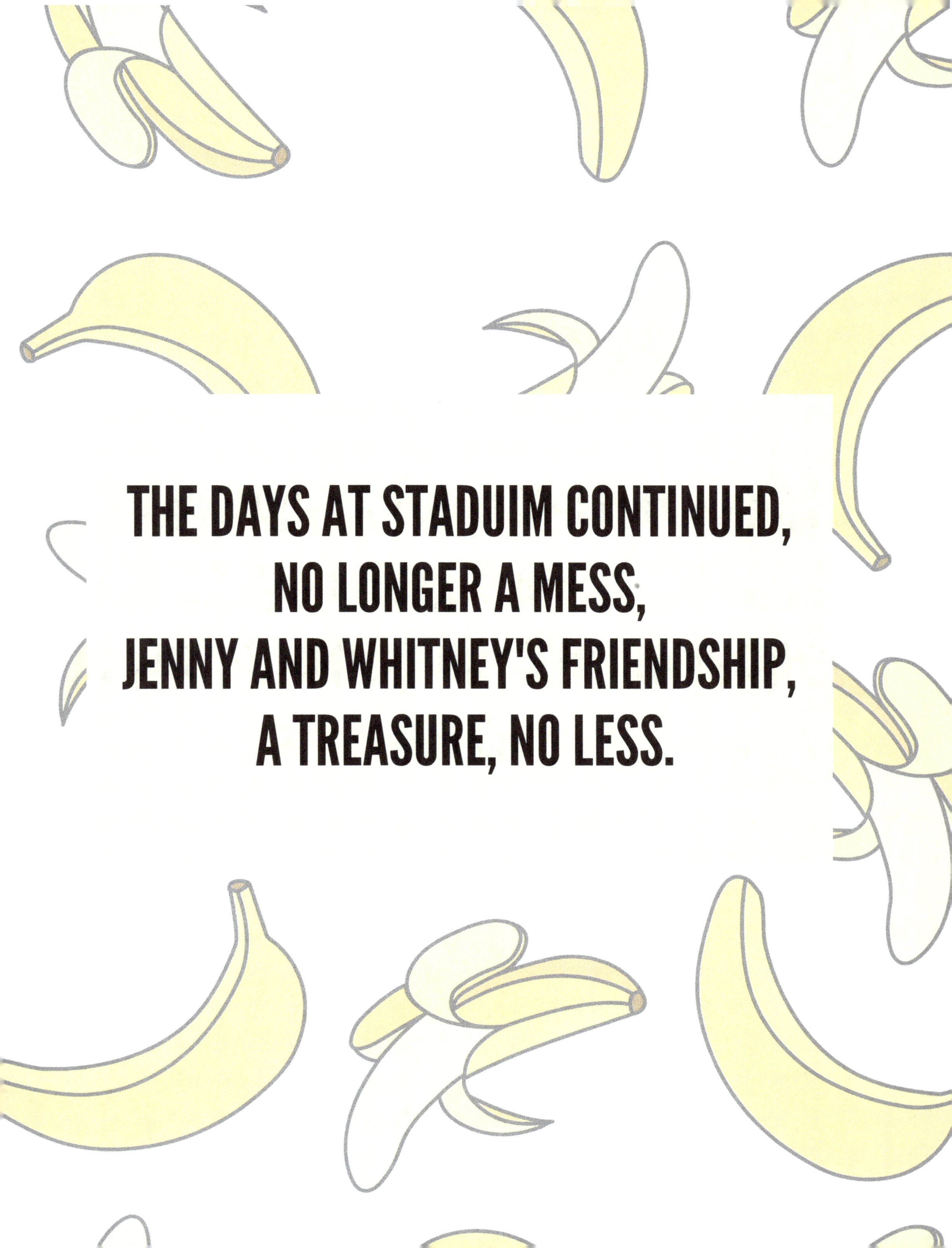

THE DAYS AT STADUIM CONTINUED,
NO LONGER A MESS,
JENNY AND WHITNEY'S FRIENDSHIP,
A TREASURE, NO LESS.

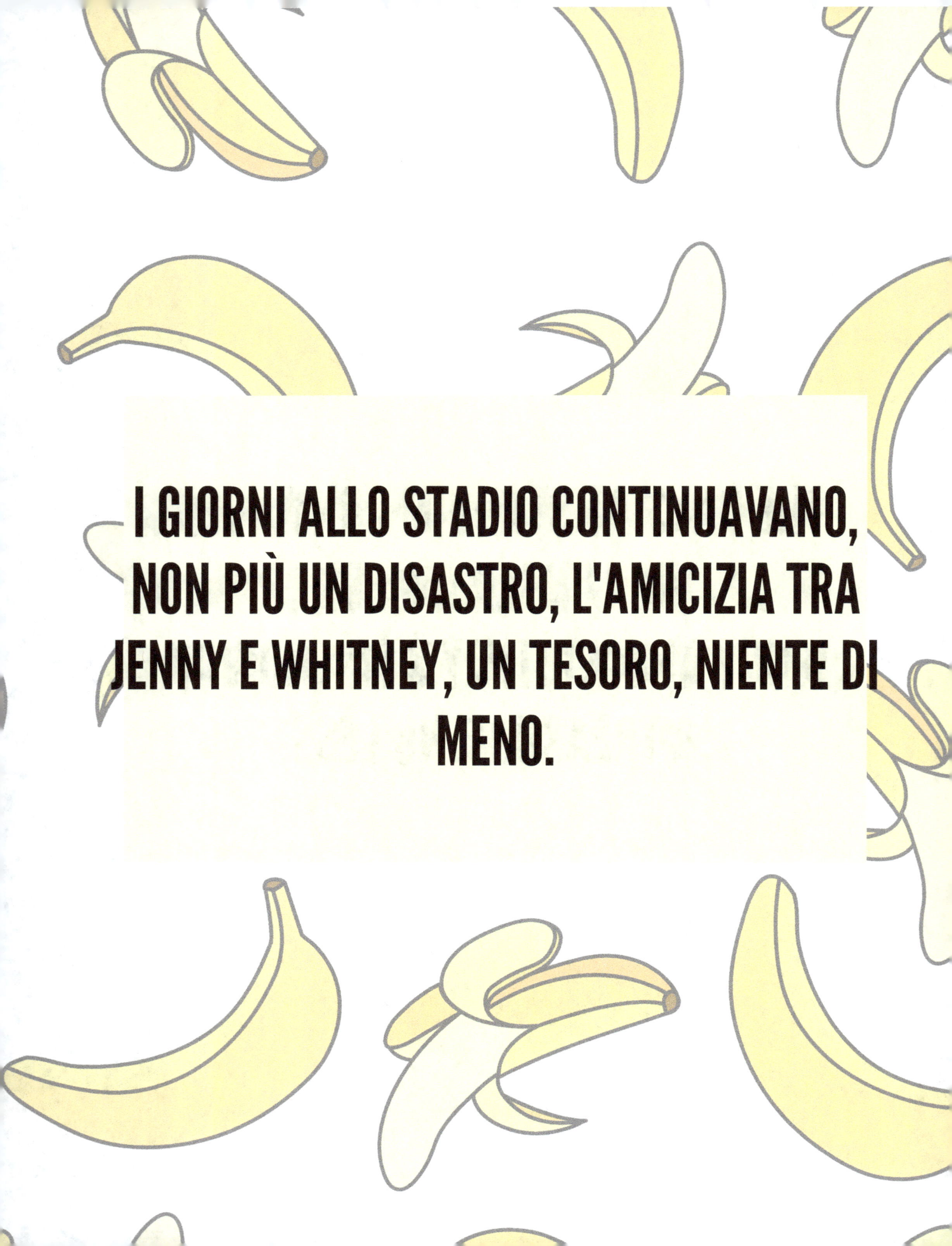

I GIORNI ALLO STADIO CONTINUAVANO, NON PIÙ UN DISASTRO, L'AMICIZIA TRA JENNY E WHITNEY, UN TESORO, NIENTE DI MENO.

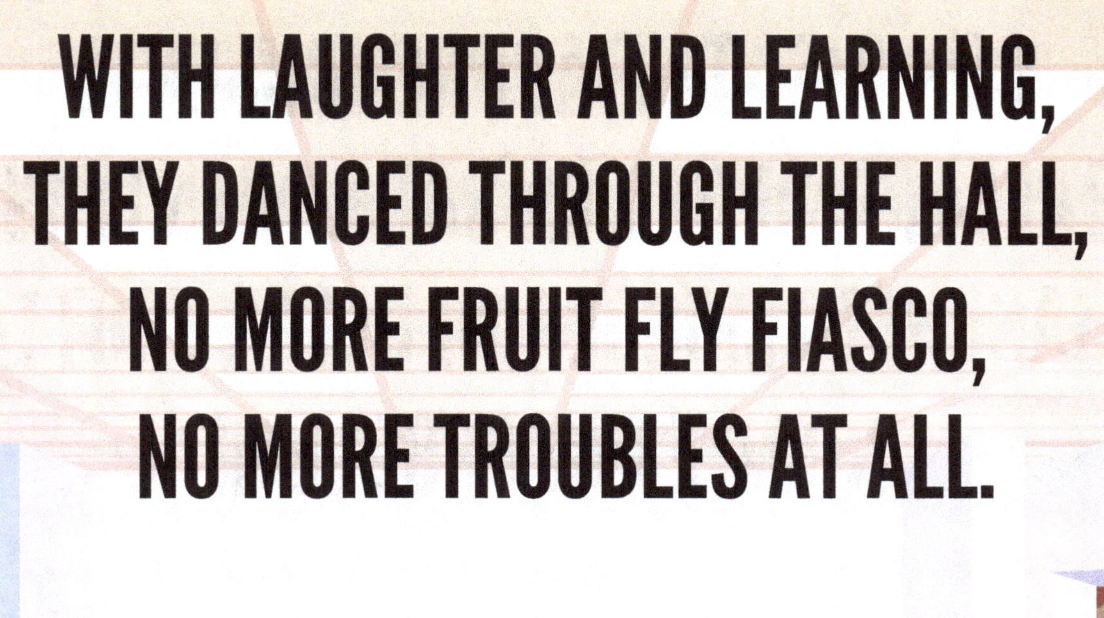
WITH LAUGHTER AND LEARNING,
THEY DANCED THROUGH THE HALL,
NO MORE FRUIT FLY FIASCO,
NO MORE TROUBLES AT ALL.

CON RISATE E APPRENDIMENTO, BALLARONO PER LA SALA, NIENTE PIÙ FIASCHI DI MOSCERINI DELLA FRUTTA, NIENTE PIÙ PROBLEMI.

SO REMEMBER, DEAR CHILDREN,
THE STORY SO BRIGHT,
FRIENDS STAND BY YOUR SIDE,
IN THE DAY AND THE NIGHT.

QUINDI RICORDATE, CARI FIGLI, LA STORIA È COSÌ LUMINOSA, GLI AMICI SONO AL VOSTRO FIANCO, GIORNO E NOTTE.

WITH FRIENDS LIKE DEAR WHITNEY, YOU'LL NEVER FEEL BLUE, JUST LIKE JENNY, WHO LEARNED THAT FRIENDSHIP IS TRUE.

CON AMICI COME LA CARA WHITNEY, NON TI SENTIRAI MAI TRISTE, PROPRIO COME JENNY, CHE HA IMPARATO CHE L'AMICIZIA È VERA.

IN THE SCHOOL OF YOUR DREAMS,
WHERE ADVENTURES AWAIT,
KEEP YOUR HEART OPEN,
FOR FRIENDS ARE FIRST-RATE.

NELLA SCUOLA DEI TUOI SOGNI, DOVE TI ASPETTANO AVVENTURE, MANTIENI IL CUORE APERTO, PERCHÉ GLI AMICI SONO DI PRIM'ORDINE.

AND JUST LIKE OUR JENNY,
YOU'LL FIND YOUR OWN WAY,
IN THE BRIGHT WORLD OF LEARNING,
WHERE YOU'LL GROW EVERY DAY.

E PROPRIO COME LA NOSTRA JENNY, TROVERAI LA TUA STRADA, NEL LUMINOSO MONDO DELL'APPRENDIMENTO, DOVE CRESCERAI OGNI GIORNO.

SO LET'S ALL BE LIKE JENNY,
KIND, BRAVE, AND SMART,
WITH FRIENDS BY OUR SIDE,
WE'LL EACH DO OUR PART.

QUINDI SIAMO TUTTI COME JENNY,
GENTILI, CORAGGIOSI E INTELLIGENTI.
CON GLI AMICI AL NOSTRO FIANCO,
OGNUNO DI NOI FARÀ LA PROPRIA PARTE.

WITH LAUGHTER AND LOVE,
AND LESSONS SO GRAND,
YOU'LL HAVE THE BEST TIMES IN THIS
WONDERFUL LAND.

CON RISATE E AMORE, E LEZIONI COSÌ GRANDIOSE, TRASCORRERAI I MOMENTI MIGLIORI IN QUESTA MERAVIGLIOSA TERRA.

THANK YOU, BYE!

GRAZIE CIAO!

WHITNEY
JENNY

9 798869 179906